D. G. MINDT

VÄTER UND SÖHNE

Gedanken die das Leben schrieb: als

Prosa

Lyrik

Aphorismen

IMPRESSUM

Bibliografische Information der Deutschen Nationalbibliothek: Die Deutsche Nationalbibliothek verzeichnet diese Publikation in der Deutschen Nationalbibliografie; detaillierte bibliografische Daten sind im Internet über: dnb.d-nb.de abrufbar.

TWENTYSIX–derSelf-Publishing-Verlag
Eine Kooperation zwischen der Verlagsgruppe Random House und BoD – Books on Demand

Herstellung und Verlag:
BoD – Books on Demand, Norderstedt

© 2018 Dieter Mindt

ISBN: 978-3-7407-5088-6

Inhaltsverzeichnis

Vorbemerkung..6
Das Augenmaß Gottes..8
Stiller Abend...9
Teilbiographie..10
Besseres Los..11
Brief an die Kirche...12
Auf Borkum..14
Himmelfahrt...15
Hallo Brigitte -Zweifel eines Agnostikers....................16
Zahlenspiel...18
Inspiration zu Dies ist das letzte Jahr..........................19
Dies ist das letzte Jahr..20
Stammelreim Nr.15 „Dadaismus?"..............................21
Der gute Hirte (psalm 23)..22
Einen „Türken" bauen...23
Geburtstagswunsch..25
Wortspiel 2005...26
Göttliches Walten...27
Letzter Trost...28
Karriere à la Schiller..29
Die Ironie „Mein Tagesablauf"....................................30
Mein Vorhaben...31
Nachdenkliches...32
Nach Hause..33
Retro- und Perspektive..34
Sehnsucht..36
Was man nicht vergessen sollte..................................37
Zehn und weitere Lebens-weisheiten.........................40
Hilfen zur Interpretation..42
Meine Gedankenwelt oder die des Sohnes................53
1980..54
1981..58
1983..63
Gedichte 1984..66

Vorbemerkung

Werter Leser!

Warum dieses kleine Büchlein voller Kopien der zu Papier gebrachten Gedanken, Ironien, Aphorismen, Gedichte meines Vaters und meiner Wenigkeit?

Weil es sein muß!

Wie bei Cat Stevens Song „FATHER AND SON" wo der alte Vater seinem Sohn für die Unwägbarkeiten des Lebens Mut zuspricht möchte ich zeigen, wie generationsübergreifend der Einfluß aus Erlebtem, auch aus Vorgelebtem, und teils mit uns selbst im inneren Monolog diskutierten Fragestellungen unsere Sicht der Welt beeinflusst und Erfahrungen zur Bewältigung unseres individuellen Alltags entstehen läßt. Die eigentlichen gedanklichen Herausforderungen stellen sich dabei einerseits im Umgang mit philosophischen Gedankenkreisen wie dem Hinterfragen von Glaube, Schöpfung, Dasein, Liebe, Gefühl, Hoffnung und des „Warum" im Gegensatz zu naturwissenschaftlich ausgeprägter Weltbetrachtung mit dem Laien zugänglichen physikalischen Denkansätzen, als auch sozialkritischer Themenkreise. Mein Vater lebte einen technischen Beruf (Leiter der Elektronikwerkstatt am Physikalischen Institut der Uni Karlsruhe) und ich war fast ein Arbeitsleben lang Flugkapitän. Neben tieferen Gedanken zu unserer Existenz wurden auch Spiele mit der Sprache zum Gegenstand innerer tätiger Langeweile sowie Gedichte im Stil der Romantik oder um des Reimens willen erschaffen.

Dem Volk der Dichter und Denker geschuldet…..

Andere Werke des Autors:

Am dritten Tage	-Actionthriller-
Der Lack ist ab	-Pilot nein danke! Ein Kapitän der ex Air Berlin erzählt.

Das Augenmaß Gottes

K.Mi.   STAMMELREIM NR. 1

Das Augenmaß Gottes.

Hier wird gepraßt und dort – gehungert.
Hier baut sich einer stolz ein Prachtpalais,
derweil der andere auf der Straße lungert
bei Wind und Regen, Hagel, Sturm und Schnee.

Hier leistet einer sich gleich drei Maitressen;
der andere einsam seine Wege geht;
denn er hat selber nicht genug zu essen
und leidet Mangel, wo er geht und steht.

Hier wird ein Glückskind hoch – und wohlgeboren,
das a n d e r e kommt im Hinterhaus zur Welt.
Der gleiche Hintern und die gleichen Ohren
und doch hat Gott sie auf verschiedenen Platz gestellt.

Das e i n e wickelt man in feine Seiden,
das a n d e r e reibt man mit 'nem Strohwisch ab,
und schlimme Unterschiede werden bleiben
ein ganzes Leben lang bis hin zum Grab.

Herr, wie verteilst Du Deine Gaben?
Verschenkst Du nur nach grobem Augenmaß,
damit die einen alles haben,
die andern nicht 'mal einen Erbsenfraß ?

Der Reimer machte sich Gedanken,
weil, was er sah, er nie vergaß,
und er behauptet ohne Wanken :
" Nein, Herr, Du hast KEIN gutes Augenmaß"!

Stiller Abend

K. Mi.   Stammelreim Nr. 2   vor 1980
           <u>Stiller Abend.</u>

Ich möchte sterben, wenn die Bäume blühen,
ein lauer Sommerwind sanft durch die Wälder weht,
der Tag sich neigt, und in der blauen Stille
der Himmelsglanz der ewigen Schöpfung steht.

   Ich möchte sterben, wie schon Ahnen gingen,
   die ihren bangen Lebenskreis erfüllt,
   und denen nach unmenschlich schwerem Ringen
   der Tod die Sehnsucht nach dem Paradies gestillt.

Dann möchte ich ruhen, bis nach Ewigkeiten
sich einstmals eine bessere Welt erschließt,
auf die, nach diesen bangen, bangen Zeiten,
sich endlich Gottes liebevoller Geist ergießt.

   Wer fühlt mit mir, wer spürt das gleiche Sehnen?
   Wer hofft auf jene bessere Welt,
   auf die, nach einem Meer von Tränen,
   der Trost des Weltengründers niederfällt?

Komm, stiller Abend, bring' der Seele Frieden,
die unverdient durch manche Tiefen schritt.
Ein höheres Los sei ihr fortan beschieden,
weil sie auf Erden viele Qualen litt.

Himmelsglanz = Sterne

Teilbiographie

K.Mindt Nov. 2003

Teilbiographie (oder Hirnverbranntes).

Fritz Mayer vergrößerte mit Tatkraft seine Barschaft, ging als Student mit seiner Burschenschaft auf "Wanderschaft", unterwegs zum Essen in eine Wirtschaft, mit deren Kellnerin er einst eine Liebschaft hatte und traf dort auf eine Handballmannschaft, die gerade mit Leidenschaft gespielt hatte.
Mit einem der Spieler knüpfte er eine so enge Freundschaft, daß er mit ihm "auf Bruderschaft" trank, wodurch er sich aber die Feindschaft dessen Freundes zuzog.
In übler Gesellschaft verlor er durch eine Machenschaft die gesamte Barschaft und mußte nun zum Überleben als Butler bei einer "Herrschaft" dienen.
Das empfand er aber als Knechtschaft, und so trat er in eine Firma ein, wo er 2 Jahre zur Belegschaft gehörte.
Wegen Ärger mit der Kundschaft wurde er vom Chef zur Rechenschaft gezogen und gefeuert, obwohl er volle Bereitschaft zur Wiedergutmachung zeigte.
Gerade jetzt aber erreichte ihn die Botschaft, daß sein Onkel gestorben war, und er erhielt als Erbschaft etliche Liegenschaften und viel Geld.
Weil er ein guter Mensch war, förderte er mit Spenden die Wissenschaft und übernahm die Patenschaft für ein Negerkind, sowie die Bürgschaft für ein Darlehen einer Genossenschaft an einen Witwer.
In seiner Ortschaft war er nun ein angesehener Mann, doch wurde er bald krank und starb.
Die Dorfgemeinschaft aber bekam mangels Erben seine gesamte Hinterlassenschaft.

Besseres Los

K.Mi.   Juni 2009

    Stammelreim Nr.

      Besseres Los.

Beweint die Toten nicht,
beklagt, die noch im Leben stehen.
Sie kämpfen um ihr bißchen Glück,
um Habe, Ehre, Wohlergehen.

    Die Toten haben süße Ruh'.
    Vorbei ist alles eitle Streben.
    Was brachten die Jahrzehnte denn
    im abgelegten, langen Leben ?

Ein Glückskind würde sagen: Viel !
Ich danke Gott von ganzem Herzen
für all das Gute, das er gab.
Mein Leben war ein Lachen, Scherzen.

    Mir fiel fast alles in den Schoß.
    Ich brauchte es nur aufzuheben.
    Ach, lieber Gott, ich bitte Dich:
    Ich möchte ewig, ewig leben.

Die Menge aber, die im Schatten steht,
muß mühsam sich durch's Leben plagen.
Da heißt es denn: Vorwärts, Kopf hoch,
trotz Nackenschlägen nicht verzagen.

    Beweint darum die Toten nicht,
    beklagt, die noch im Leben stehen.
    Sie kämpfen um ihr bißchen Glück,
    Um Habe, Ehre, Wohlergehen.

Fazit:
Beneiden könnte man die Ungezeugten,
die nie in's Leben kamen.
Vieles blieb ihnen erspart.
Prost, Halleluja, Amen !!!

Brief an die Kirche

Kurt M α Anfang 2008 ?

Konzept

Raum für Adresse und (noch zu erkundigen) ehrerbietigen und richtigen Anrede Geplant: An Landesbischof kath. Nuntius u.a.

hochwohlgeboren
Sehr geehrte ~~Exzellenz oder~~ Eminenz ~~oder Magnifizienz oder so~~,

zwei Fernsehsendungen veranlassen mich, diesen Brief zu schreiben. In der 1. lautete eine Meldung, daß es in Deutschland einige Tausend Millionäre/Multimillionäre gibt und etliche Multimilliardäre. Genannt wurden: Die Brüder Aldi (17 Milliarden), Porsche, Quant u.a.

Die 2. zeigte Mallorca. Bei diesem Wort denkt man zuerst an Massen-Urlaub, Ballermann usw. Hier ging es aber um ein ganz anderes Mallorca. Die Insel hat wunderschöne, begrünte Bergregionen. Dort stehen, weit gestreut, in sehr großem Abstand also, prächtige "Einfamilienhäuser". Diese sind von begabten Architekten geplant, unerhört weiträumig und von erlesenem Luxus. Vor dem Haus findet sich ein überdimensionaler Swimmingpool und der Fernblick ist geradezu himmlisch.

Die Anwesen sind nicht gerade billig. Der Preis beginnt bei etwas über 6.000.000,- Euro und reicht bis zu 8,9 Millionen.

Der Beitrag zeigte ein deutsches Ehepaar, welches das zum Verkauf stehende 8,9 Mill.-Haus in Begleitung eines (deutschen) Maklers besichtigte. Die Dame war schlicht-elegant gekleidet. Das ist jene Eleganz, die so bescheiden wirkt, der aber Kenner schon auf 200 Meter Distanz ansehen, daß sie nicht von C+A ist. Ihr Gesicht wurde von Raum zu Raum immer fröhlicher, ja, begeisterter. Ich nehme an, daß das Paar das Anwesen gekauft hat. Der Film endete hier.

Ich war über diesen Filmbeitrag entsetzt. Wissen diese superreichen Leute denn nicht, in welcher Gefahr ihr Seelenheil ist ? Sagte unser Herr Jesus Christus denn nicht: "Eher geht ein Kamel durch ein Nadelöhr, als daß ein Reicher in das Himmelreich kommt !" Kann es denn sein, daß ihnen im Religionsunterricht dieses Wort nicht beigebracht wurde oder sie es einfach nur vergessen haben ?

Wie töricht sind sie doch, wenn sie eine kurze Lebensspanne von
60/80 Jahren im absoluten Luxus gegen die EWIGE VERDAMMNIS eintau-
schen.!! Man bedenke : EWIGE Hölle, EWIG Teufel !!
Wie beneidenswert sind da doch die Clochards, die in Paris das Recht
haben, unter den Brücken zu nächtigen ! Nach einem kurzen, extrem
harten Erdendasein gehen sie in das Paradies ein und werden auf
ewig aller himmlischen Freuden teilhaftig.
Aus Mitleid und Sorge um das Seelenheil der Superreichen, deren
Vermögen so irrwitzig immens ist, daß es mit seiner Rendite trotz
höchstmöglicher Verschwendung wächst und wächst, möchte ich Folgendes
anregen : Die Kirche möge diesen Personen eine Postkarte schicken,
auf welcher der Spruch vom Kamel/Nadelöhr steht. Mehr nicht.
Wenn auch nur einer der Adressaten in einer Art tätigen Reue große
Teile seines Vermögens an arme Leute verschenkt und so seine Seele
rettet, hat sich die Aktion gelohnt.
Die Besitzer der millionenteuren Luxusyachten in den Häfen von Nizza
und Cannes könnten in diese Aktion einbezogen werden.
Ich hoffe, daß meine Anregung auf fruchtbaren Boden fallen wird.
Vielen Dank für Ihre Bemühung.

        Mit freundlichem Gruß und

       In höchster Demut

         K. W.

Auf Borkum

K. Mindt (70er Jahre ?)

Dieser Reim wurde am Ende einer Kur auf Borkum
in's Gästebuch von "Stella Maris" eingetragen.

<u>Auf Borkum.</u>

Zu der Nordseeinsel Borkum
kamen wir vom Süden her.
Alles war für uns so anders,
Land und Leute, Wind und Meer.

Fern der Arbeit, fern dem Alltag,
fern von aller Tage Hast,
wollten wir Erholung schöpfen
für der künft'gen Zeiten Last.

Und so durften wir hier wandern,
konnten spielen, baden, ruh'n.
Jeder folgte seinen Zielen,
um den Alltag abzu-tun.

Dank sei dieser schönen Insel
für die Tage, die sie gab;
für die Ruhe, für den Frieden,
der in diesen Tagen lag.

Dank sei auch den guten Seelen,
die so sorgsam uns umhegt,
so, als wüßten sie um Freundschaft,
die mit zarter Hand man pflegt.

Himmelfahrt

Hallo Brigitte -Zweifel eines Agnostikers

PF. 24.11.07

Hallo Brigitte, hallo Peter.   *"StillerAbend" Nr. 2*
Hier ist meine "Birkenvision" als Stammelreim, wie ich es Dir,
lieber Peter, versprochen habe.
Zum Thema "Seele", das wir letztens ansprachen, möchte ich hier noch
etwas dazutun. Weil mich die Sache immer noch ein wenig berührt,
wollte und konnte ich bei Euch nicht in's Detail gehen.
Hier nun also in kurzer Form eine Geschichte: Wie ich schon einmal
erwähnte, war ich in der Nacht, als meine (Ex)frau starb, bei ihr
im Krankenhaus. Ihr Tod war ein friedliches, kampfloses Hinüber –
gleiten am Di. 24.3.70 um 4^{00}Uhr.
Schon zwei Tage später fand die Beerdigung um 10^{00}Uhr statt. Ich
ging an diesem Tag zur Familie meines Bruders in die Ratgeb-Straße,
denn wir wollten zusammen zum Friedhof fahren.
Der Himmel war grau und trübe. Meine Frau kannte mich ja und wußte,
daß mir das wenig behagt. Kurz bevor wir zum Friedhof aufbrachen,
wurde und blieb der Himmel sonnenhell. Das war am Donnerstag.
Am Freitagnachmittag ging ich wieder zum Friedhof. Das Wetter war
etwas trübe, aber ohne Niederschläge. Kaum war ich am Grab, da setzte
ein derartiges Schneetreiben ein, daß man vom Grab nichts mehr sah.
Ich ging deshalb dem Ausgang zu und hatte ihn noch nicht erreicht,
als der Schneefall so plötzlich aufhörte, wie er angefangen hatte.
Am Samstagmittag wieder oben. Der Himmel war weithin völlig klar,
nur am letzten Horizont stand eine Wolkenbank. Als ich so dastand,
und in die Ferne schaute, ohne also die Augen nach oben zu richten,
bemerkte ich, daß sich in einiger Entfernung mitten im blauen Himmel
rasch eine kleine weiße Wolke bildete, die aber bald davonflog.
Zumindest bei der Wolke war natürlich sofort alles (wissenschaftlich)
klar: Thermik, feuchte Luft steigt hoch, kondensiert und wird vom
Wind weggeblasen.
Wenn von den drei Ereignissen nur <u>eines</u> eingetreten wäre, dann hätte
ich das wohl kaum registriert. Es kann auch als ziemlich sicher
gelten, daß die drei Phänomene auf <u>jeden Fall</u> eingetreten wären und
ich nur durch den Todesfall in die Lage kam, sie im Zusammenhang
zu bemerken.

Man kann aber natürlich auch in's Grübeln kommen und Interpretationsversuche anstellen.

Waren es Botschaften ? Hießen sie: 1.) sei nicht traurig, 2.) schau nicht auf mein Grab, 3.) jetzt verlasse ich euch endgültig.

Ja, was können unsere armseligen fünf Sinne denn schon wirklich erkennen ?

Eine Verstorbene wird kaum soviel Macht haben, um diese Naturerscheinungen hervorzurufen und so werden am Ende wohl doch nur ganz fantasielos alle nüchterne Erklärungen zutreffen.

Und was bleibt einem da dann noch anderes übrig, als wieder in die etwas bittere Rolle des Agnostikers zu fallen.

Ich grüße Euch herzlich

Kurt

Zahlenspiel

K.M.

Die 1-amkeit ist ohne
2-fel nur schwer zu ertragen.

Wer zu Polizisten 3-st ist,
muß mit auf's Polizeire-4.

Spielst Du Kla-3 oder Kla-4
oder gar Kla-5 ?

6-tant wird aber mit x geschrieben.

Ein Bäcker muß oft Mehl 7 ,
daher alle 8-ung vor seiner Arbeit.

Die Oma hat einen 9 Hut.

Jeder Fuß hat 5 10.

Eine 11-e ist eine zarte, anmutige Frau.

Inspiration zu Dies ist das letzte Jahr

Bild zu: Kein Stammelreim vom 2.8.1985
(Gefunden im Jahre 1995)

Dies ist das letzte Jahr

K.M.   2.8.1985

Bild: Geknickte Ähre

kein stammelreim

Dies ist das letzte Jahr.......
das Korn ist reif,
sein schweres Haupt gebeugt,
den Schnitt erwartend,
der vom Halme trennt,
was Sonn' und Erde hier zusammengaben
zum ewigen Kreis des Werdens und Vergehens.

Das nächste Jahr wird dieser Halm nicht sehen,
und über seine Frucht des Zufalls Würfel rollt,
bestimmend, ob als Saat zu neuem Leben
der Sämann sie der Erde wieder anvertraut.
Der Zufall wirft des Schicksals Los.

Doch wiegt dies Los nicht schwer. Was wiegt es denn,
daß d i e s e s Korn den Weg zur Mühle findet,
das a n d e r e Früchte bringt im nächsten Jahr,
um abermals des Würfels blinder Laune
anheimzufallen wie zu aller Zeit ?

Es ist der alte Kreis des Werdens und Vergehens;
für diesen Halm ist es das letzte Jahr.

Stammelreim Nr.15 „Dadaismus?"

Stammelreim Nr. 15   K.M.   5.12.89

Zu diesem Stammelreim gehört eine schauerliche, nächtliche Szene
z.B.: Ein sandiger Weg zwischen Waldrand und Buschwiese. Vom Weg
zum Wald eine etwa kniehohe, geneigte Böschung, aus der an einer
Stelle eine kleine Quelle rieselt. Alles vom Vollmond in ein geister-
haftes, gleißendes Licht getaucht. Hier wankt ein Betrunkener nach
Hause, der später sein Erlebnis erzählt folgendes:

<u>Delirium tremens.</u>   säuferwahn

Aus der Quelle quollen Quallen,
ließen ein "HURRA" erschallen,
fuhren dann mit "DREIMALHOCH"
rasch zurück in's Quellenloch.

Blieb vor Schrecken schlotternd stehen,
denn ich hab' noch nie gesehen,
daß in Nächten, mondeshellen,
aus der Quelle Quallen quellen.

Welcher Spuk, welch schlimmer Graus !
Halbtot wankte ich nach Haus,
konnte nur noch mühsam lallen :
" Aus der Quelle quollen Quallen".

Tat hernach kein Auge zu,
denn ich fand sobald nicht Ruh'
vor dem Bild, dem grauenvollen,
wo aus Quellen Quallen quollen.

Meine Freunde wollten sehen
<u>WO</u> dies alles ist geschehen,
doch ich find' nicht mehr die Stelle
mit der Quollenquallenquelle.

Der gute Hirte (psalm 23)

K.M.   24.3. 1984

Stammelreim Nr. 13

Der gute Hirte
oder
- - - - mir wird nichts mangeln.

Es hatte ein guter Hirte
mit seiner Herde viel Glück.
Die Schafe gediehen prächtig,
nur wenige blieben zurück.

Und doch waren diese Armen
ledig und bar jeder Schuld,
verübten nicht Schande noch Sünde
und trugen ihr Los mit Geduld.

Und was tat der "gute Hirte" ?
Hat er sie besonders gepflegt ?
Sie waren ihm völlig Schnuppe,
ihn hat ihr Geschick nicht bewegt.

Und so war der "gute Hirte"
letztendlich ein grausamer Schuft,
nicht Liebe kennend und Güte
und eiskalt wie Winterluft.

Einen „Türken" bauen

K.M. Stammelreim Nr.6

Einen "Türken" bauen.

Trari, trara, trarallala,
Herr Jesus naht auf Socken
und will, auch wenn Du an nichts glaubst,
Dich in die Kirche locken.

Herr Pastor, schwarz im Frauenkleid,
wird dort ein Märchen lesen.
Das tut er schon seit alter Zeit,
's ist immer so gewesen.

Er glaubt den Unsinn selber nicht.
Er spricht von früh bis spät
vom künft'gen Jüngstentaggericht
und – wie man ihm entgeht.

Er spricht von Qualen fürchterlich,
von Teufeln ohne Zahl,
die fressen Dich als Hauptgericht
bei ihrem Festtagsmahl.

Oh' grausam Graus, oh' schrecklich Schreck,
was soll aus uns nur werden,
wo wir doch große Sünder sind
zeitlebens auf der Erden.

Der eine hat, als Bankijeh,
mit Wucher Geld verliehen.
Doch, tut's ihm nur beim Ende weh,
so sei ihm das verziehen.

Ein zweiter hat als Fabrikant
stets Menschen ausgebeutet,
doch weil er treu zur Kirche stand
sei ihm zur Ruh' geläutet.

Ein Kaufmann hat durch viel Betrug
Vermögen aufgeschichtet,
doch ging zur Beichte er genug
drum sei er nicht gerichtet.

Dann war noch jener Bergwerksboß
der ließ seit Tag und Jahren
die Männer, krank und mittellos
rasch in die Grube fahren.

Doch wurde seine Höllenfahrt
vom Erben abgewendet.
Der hat auf eklatante Art
für's Kirchendach gespendet.

Doch jenen Bub aus Napoli
(er stahl vor Hunger Kuchen)
den wird der liebe, strenge Gott
in Ewigkeit verfluchen.

Die vielen kleinen Sünder sind's,
die Gott so sehr vergrämen;
die großen wird er gnadenvoll
in seinen Himmel nehmen.

Drum hüte Dich, Du kleiner Wicht,
vor jeder kleinen Sünde.
die k l e i n e Sünde hat Gewicht,
die g r o ß e "gute Gründe".

Es So spricht der Pfarrer immerfort,
derweil die Leute schlafen,
doch wird man sie am Feuerort
auch dafür noch bestrafen.

Oh' Pfarrer, Deine Litaneien,
was sollen die bewirken ?
Es kann doch nur mein Urteil sein:
"Du baust uns einen Türken".

Geburtstagswunsch

<u>Geburtstagswunsch</u> 31.03.07 K.M.

Weil Du heut' Geburtstag hast,
wünsch' ich Dir von Herzen
Friede, Freude, Eierkuchen,
leben ohne Schmerzen.

Pocht die Zeit auch an's Gebein,
das soll Dich nicht schrecken,
und die Sorgen mögen Dich
'mal am Ärmel lecken.

Heiter soll die Zukunft sein,
Glück Dich stets umgeben,
und Du sollst, gesund und froh,
lange, lange leben.

Wortspiel 2005

K.M. 2005

Zwiegespräch:
"Es ist ein Gewitter im Anzug,
was machen wir, lieber Klaus ?"
"Das ist doch keine Frage,
Du ziehst Deinen Anzug aus".

Es stimmt, daß das daß, das das das bei richtiger Schreibweise ersetzt, unseren "ausländischen Mitbürgern" große Schwierigkeiten bereitet. (Da faßt man sich doch an den Kopf - oder ?)

Okt. 2006
Es ist paradox, wenn ein Großvater klein ist.
" " , wenn ein HELLSEHER für jemand "schwarz" sieht.
" " , wenn einem Architekten nichts einfallen darf.
" " , wenn ein Rechtsanwalt sagt, daß es ihm schlecht
       gehe, weil er nicht klagen kann.
" " , wenn jemand die Hände in den Schoß legt und doch
       nicht untätig ist.
" " , wenn eine Laute ganz leise spielt.
" " , wenn ein Onkel seinen Neffen unverwandt anstarrt.
" " , wenn ein Neger sich schwarz ärgert.
" " , wenn ein Koch vor Wut kocht.
" " , wenn ein Vertreter sich vertreten läßt.

"Schläft Dein Onkel schon fest ?" "Nein, er schläft mitnichten."
Leckere Sachen: Sachertorte, Fürst-Pückler-Eis, Helmut-Kohl-Suppe.

Göttliches Walten

Stammelreim Nr. 5   31.07. 1980

Göttliches Walten.

Schweig still, du sturmbewegte Brust !
Was soll dir noch das Leben geben ?
Suchst du des Lebens Lebenslust,
so suchst du auf verlorenen Wegen.

Der Götter Gunst fiel nicht auf dich.
Sie flechten hämisch ihre Schicksalssträhnen
und freuen ihrer List und Tücke sich
und weiden sich an Schmerz und Tränen.

Trag' dieses Los und klage nicht.
Du wirst die Gunst der Götter nie erwerben.
Vergeblich bittend trittst du vor ihr Angesicht,
du mußt die Leiden still erdulden --- oder sterben.

Letzter Trost

Stammelreim Nr. 4   K.M.

Letzter Trost.

Du schimpfst mit mir, ich wäre ab vom Wege
des Anstand's und der edlen Pflicht.
Ich läge im Bette, wäre träge
und täte keine Arbeit nicht.

Ich hätte dem Weine zugesprochen
im Übermaß, wie es Dir scheint.
Doch habe ich ja nichts verbrochen,
mein Freund, ich habe auch geweint.

Wenn sinnlos einsam ist das Leben,
der nächtige Himmel ohne Sternenschein,
kann es zur Linderung nichts Besseres geben,
als schlafen und - betrunken sein.

Karriere à la Schiller

An der Quelle saß der Knabe,
doch er flocht sich keinen Kranz!
Wenn ich nur ein Pöst'chen habe,
lebe ich in Saus und Glanz.

Und so warf er keine Blumen
in des Baches helle Flut.
Wenn ich ein Parteibuch habe
geht es mir in Zukunft gut.

Also zur Parteizentrale
wandte er den raschen Schritt.
"Nehmt mich auf als treues Mitglied,
mach' bei eurer JUGEND mit".

Und bald stieg er hoch und höher,
saß alsbald im Parlament.
Die Diäten flossen reichlich
und das Schmiergeld ungehemmt.

Die Ironie „Mein Tagesablauf"

1.)
Mein Tagesablauf.   04.09.07   K.M.

Früher wurde meine Kaffeemaschine in der Küche per Zeitschaltuhr um 9^{00} Uhr aktiv. Ein Weckradio an meinem Bett ging um 9^{10} Uhr los. So war es einmal. Aber die Technik schreitet ja voran. Heute kann man Steckdosen auch fernschalten. Ich schlafe jetzt also, bis ich von alleine erwache. Dann drücke ich den Fernschaltknopf und räkele mich. Bis ich mich ausgeräkelt habe ist der Kaffee schon fertig.
Ein wundervoller Duft zieht durch die Wohnung -Herrlich !!!
Mit dem Bäcker an der Westlichen habe ich eine Abmachung getroffen. Er legt <u>jeden</u> Morgen in ein Körbchen vor meiner Tür etwas zum Früh- stück. Der Abwechslung wegen 'mal etwas Süßes, 'mal belegte Brötchen etc. Am Monatsende wird abgerechnet.
Es findet nun ein urbehagliches Frühstücken statt. Man spürt da schon, wie schön der Tag wird!!
Danach wird, auf der Couch liegend, die Tageszeitung gelesen.
Mittlerweile naht die Mittagszeit. Nun heißt es also, sich rasieren, anziehen etc.
Ist das erledigt, wird ein Taxi gerufen. Die Fahrt geht nun in ein Lokal mit sog. "gehobenem Ambiente". Das kann das Parkhotel sein, das "La Villa" in der Blücherstraße o.ä. Bei schönem Wetter auch schon 'mal die Gaststätte beim Schloß Neuenbürg. In Nobellokalen gibt es zwar für viel Geld wenig zu essen, aber ich speise dort doch mit Leuten der gehobenen Klasse. Das ist sehr, sehr wohltuend.!!!
Mit dem Taxi geht es nach Hause. Es folgt ein kleines Mittagsschläf- chen bis gegen 16^{00} Uhr. (Ohne Wecker).
Jetzt wird der Veranstaltungskalender gelesen, um einen schönen Abend vorzubereiten. Das kann ein Theaterbesuch sein oder etwas anderes Kulturelles, zu dem mich ein Taxi fährt.
Danach lasse ich den Abend in einem netten Lokal, einer exclusiven Bar etc, bei einem Cocktail ausklingen.
Ein Taxi bringt mich nach Hause. Glücklich und zufrieden mit mir und der Welt sinke ich in Schlaf und himmlische Träume.
Möge es doch noch gesegnete 20 Jahre so weitergehen !!! !!! !!!

Mein Vorhaben

2.) Mein Vorhaben. 05.09.07 K.M.

Welch ein Narr war ich doch, als ich an Altersvorsorge u.dgl. dachte !
Gibt es denn nicht für Notfälle im Alter das Sozialamt ?
Wie gut nur, daß ich noch rechtzeitig erleuchtet wurde !
Was bedeutet das ? Also: Obwohl ich ja ein sehr angenehmes Leben führe, (s. Mein Tagesablauf), packt mich jetzt ganz unbändig die Reiselust.
Was habe ich denn auch bis jetzt von der Welt gesehen ?
Nun, es gab ein paar Fahrten nach Italien und eine Reise nach Sibirien, wo es mir so gut gefiel, daß ich dreieinhalb Jahre dort blieb.
Nun treffe ich also die nötigen Vorbereitungen. Einen Maybach als komfortables Reisefahrzeug habe ich schon bestellt. Er kostet zwar 370 000,- Euro, aber was soll's. Man nimmt ja nichts mit in's Grab. Und bei einer Rente von unter 9.000,- Euro im Monat kann man sich schon etwas leisten.
Die "standesgemäße" Oberbekleidung wird von Armani gefertigt. Ein hiesiger Schneidermeister hat schon meine Körpermaße abgenommen und dorthin geschickt. Unterwäsche von Mey.
Die Reiseroute geht durch Nordfrankreich, Spanien, Portugal nach Afrika. Dort auf der Karte nach links bis zur Hälfte Afrika's. Zurück: Gibraltar und zur Mittelmeerküste. Südspanien, Frankreich, bis Rimini und nach Hause. Geschätzte Reisedauer 3 Monate.
Die Planung erweist sich als sehr, sehr schwierig. Prachtauto und Kleidung erzwingen das Übernachten in Luxushotels. Ich habe deshalb alle Infobüros auf der Reiseroute angeschrieben und um Hotelverzeichnisse und Hinweise auf Sehenswürdigkeiten gebeten. Die Antworten stapeln sich.
Mir ist nicht bange, daß ich in den Luxushotels gebildete Deutsche treffe. Ich weiß ja, daß man z.B. nicht "Rückblick" sagt, sondern Retrospektive. Man ist auch nicht in etwas verwickelt, sondern involviert. Es wird also zu keinem Fauxpas kommen.
In den Tischsitten bin ich auch fit. Ich weiß also, zu welchem Gang das 3. Messer gehört und wann der oberste Löffel dran ist. Ebenso, daß in das kleine Südweinglas kein Bier gehört.
Ich glaube nicht, daß der Kellner ein:"Verzeihen der Herr, aber das Messer gehört zum Fisch" sagt, wenn ich den Braten mit dem Fischmesser bearbeite, aber ich wäre doch als Prolet entlarvt.
Nun, es wird schon gut gehen.
Ich werde kistenweise Bilder der Sehenswürdigkeiten machen und brenne schon darauf, Euch mehrere Abende zu je 2 Stunden mit schönen, interessanten Bildern erfreuen zu dürfen . Bis dann also !

(Sibirien = Kriegsgefangenschaft.)

Nachdenkliches

```
Stammelreim Nr.                    21.12.1999    K.M.



                Nachdenkliches.

Adam und Eva, so steht es geschrieben,
wurden aus dem Paradies vertrieben;
denn sie aßen von der verbotenen Frucht,
und dafür hat Gott, der Herr, sie verflucht.

So war's :
Die Eva pflückte den Apfel mit lockerem Sinn
und hielt ihn dem Adam zum Reinbeißen hin,
und damit war dann aus der Traum
wegen der Frucht vom Apfelbaum.
Wie wäre die Sache wohl ausgegangen,
hätten statt Äpfeln dort Pflaumen gehangen ?



Lösung: In dem 6-Zeiler die beiden Fruchtarten sinngemäß
vertauschen.
```

Nach Hause

K.M.   28.5.80

Stammelreim Nr. 8

Nach Hause.

So endet alles Leid in diesem Hügel,
der lastend den erloschenen Leib bedeckt.
Befreit erhebt die Seele ihre Flügel,
entleibt, zum Heimgang auferweckt.

Und über Wäldern, Fluren, Auen
entgleitet sie der ird'schen Bahn.
Ein letztes Zögern, letztes Schauen
und schwebend steigt sie himmelan.

Laßt diese Seele, laßt sie ziehen,
sie findet ihrer Heimat Haus
und droben, wo die Sterne glühen,
ruht sie in schöneren Sphären aus.

Retro- und Perspektive

Okt. 01   Stammelreim Nr.

<u>Retro- und Perspektive.</u>

---tot und Ofen aus.
---trägt im Sarg man 'raus.
---ward vom Glück betrogen.
---hat Bilanz gezogen.

---blickte weit zurück.
Kindheit war schon ohne Glück.
Zärtlichkeit und Harmo-nie
gab es, siehe Pfeilchen ↗

Nach der Lehre, kaum Geselle,
ging's sofort mit Windesschnelle
ab nach Ost, um Hitlers Krieg
führen zum erhofften Sieg.

Als 30 Monde so vergangen
wurde ---eingefangen
hinter den Ural gebracht.
Na, Prost Mahlzeit, gute Nacht.

Dort Schwerstarbeit bei Wassersuppe,
wer verreckt- ist völlig schnuppe.
und erst nach 6 Monat und 3 Jahren
durften wir nach Deutschland fahren.

Was danach kam, meine Lieben,
sei hier garnicht aufgeschrieben.
Würde zuviel Verse geben-
war fürwahr kein fröhlich Leben.

---blickt nicht nur zurück,
sondern auch nach vorn ein Stück.
Und was --- da erblickt,
hat ihn wahrlich nicht entzückt.

Körperliche Fähigkeiten
stückweis in den Orkus gleiten,
und der Geist, vor Jahren besser,
wird nun blaß und immer blässer.

                        bitte wenden.

Deshalb war es Zeit zu gehen
um "Vor seinem Gott" zu stehen.
Derart reden doch die Pfaffen.
(Läßt man's Pf weg, sind es Affen.)

Sagt dann Gott in seiner "Gnade":
„Du darfst alle Pfade
Deines Lebens nochmal gehen",
würde ich auf Knie-en flehen:

"Nein, Du ungerechter Gott,
treib'mit mir nicht Deinen Spott.
Einmal Leben war genug,
alles Qualen, Leid, Betrug".

Lieber will ich, in Atomen,
in die weite Welt verwehen
und dereinst, vielleicht in Blumen
unvergänglich wieder auferstehen.

Sehnsucht

Stammelreim Nr.　　　　Nov.03　　　K.M.

<u>Sehnsucht.</u>

Du warst bei mir. Ich sah in Deine Augen,
und was ich sah, war Himmel, Seligkeit und Glück.
Ach, käme solch ein holder Tag doch wieder.
Ach, käme eine Stunde nur davon zurück.

Was man nicht vergessen sollte

Was man nicht vergessen sollte. (Blatt 1)

Am Anfang war der Mensch unsterblich erschaffen,
doch bald erkannte Gott, daß an seiner Schöpfung
der Mensch scheitern mußte.
Da erfand Gott gnädig den Tod.

Mit zunehmender Intelligenz (erkennt) man erst,
wie dumm man ist.

Der "Glaube" ist die primitivste Form des Nichtwissens.
(DENKEN = besser !)

Minimalformel:
Glück ist die Abwesenheit von Unglück.

X Maximalformel:
Das schlimmste Unheil, das einem Menschen widerfahren kann,
ist seine eigene Geburt.

Binsenweisheit:
Wer schwer lebt, wird leicht sterben.

Musik ist eine Sprache, die man in allen Sprachen verstehen,
aber in keine übersetzen kann.

(Leider nicht von mir): Nimm das Leben nicht so ernst,
es ist ja nicht von Dauer.

Der schändliche Sinn allen Lebens besteht darin, der Natur und den
dahinterstehenden Kräften durch Zeugung und Geburt unaufhörlich
Experimentiermaterial zur Verfügung zu stellen. (Juli 99)

Das Schlimmste, das man seinen Kindern antun kann,
ist, sie in's Leben zu setzen, tragen.

Politiker sind Halunken, die sich um den Besitz der Welt streiten.

Seligpreisung:
Selig sind die Ungezeugten, denn sie mußten nicht am Lauf der Welt
teilhaben. (Okt. 2003)

- 2 -

Was man nicht vergessen sollte. (Blatt 2)

Die Satanisten sind dem Urheber dieser Welt wahrscheinlich mehr auf der Spur als die Gottgläubigen.
Eine Welt voller Jammer, Not und Elend, in der das an Grausamkeit nicht mehr überbietbare Prinzip "Fressen und gefressen werden" herrscht, kann wohl kaum das Werk eines gütigen Gottes sein.

PERSÖNLICHES: Sollte ich irgendwann einmal für religiöse Thesen/Lehren zugänglich werden, so ist das keinesfalls ein Zeichen für Einsicht, Reue oder Erkenntnis, sondern der sichere Beweis dafür, daß mein Verstand nicht mehr funktioniert.

Sehet die Vögel unter dem Himmel —...?
Der Gläubige läßt Gott sich um alles kümmern, der Ungläubige muß das selber tun. Nov. 2003

Unzählige Menschen flüchten vor den unerträglichen Lebenswahrheiten in Alkohol *oder* ~~Kirchen~~ Religion, wobei der Alkohol Leber UND Hirn schädigt, die Religion aber nur das Hirn. Nov. 2003

Der Romantiker weiß, daß eine bessere Welt möglich wäre, träumt davon und strebt danach.
Der Realist schlachtet die vorgefundenen Verhältnisse ohne Skrupel aus. Er ist eine Art Aasgeier. 03.12.03

NICHTS und NIEMAND kann uns verpflichten, das Leben mit all seiner Not und all seinem Elend bis zum sog. "natürlichen" Ende durch zu stehen. 29.12.03

Einen wirklichen Daseinszweck haben eigentlich nur die Künstler,^X denn ihre Werke sind es, die uns wenigstens temporär dem irdischen Elend entreißen können. 29.12.03

Unser Urheber verfährt mit seinen Geschöpfen genau so, wie, in der (nächst-) niederen Ebene, der Bakteriologe mit seinen Bazillen in der Petrischale. Beide sind zielgerichtete, eiskalte Techniker. Eine Kommunikation zwischen Urheber und Geschöpf ist genau so unmöglich, wie zwischen Bakteriologe und Bazillus. Und von Liebe und Güte quasseln nur die Pfaffen, die davon gut leben. 23.02.04

X = Künstler im klassischen Sinn. Nicht jene Scharlatane, die uns eine verbogene Eisenbahnschiene oder Geräusche auf Musikinstrumenten als "Kunst" andrehen wollen.

Blatt III (Was man nicht vergessen sollte)

23.2.04

Vor ca. 40 Jahren entdeckte der amerik. Mikrobiologe Hayflick, daß Zellen aus Föten sich auf Nährböden ca. 50 Mal teilen, um dann abzusterben. Zellen von Ratten etc. erreichten 15/20 Teilungen, Zellen von sehr langlebigen Schildkröten (150 Jahre) >100 Teilungen. In dem Zellen ist offenbar eine Art Schneiderbandmaß, welches bei jeder Teilung gekürzt wird. Damit ist gesichert, daß der Tod, den wir nur aus Erfahrung kennen, uns einprogrammiert ist. (Platz für nächste Generation). Das Ungeheuerliche ist nun aber, daß uns kontrahär dazu die Todesangst, d.h. auch das Leben um jeden Preis, eingegeben ist ! Warum wohl ?? Ohne diese Todesangst würden sicher sehr viele vernunftbegabte Geschöpfe diese Welt voll Jammer und Elend vorzeitig verlassen,!!! Also: Riegel davor !! ~~23.02.04~~ ✗ = ohne für "Nachwuchs" gesorgt zu haben.

Religionen sind ein schändlicher Betrug, ein Mittel zur Ausübung von Macht und Bereicherung.

22.8.04 Das "Schicksal" verteilt nichts doppelt. Es gibt jedem Menschen entweder Glück ODER Verstand mit auf den Weg.

6.4.05 Mit jeder Geburt wird ein Mensch zum Leben verurteilt.

20.11.05 Kaum haben die Eltern ihrem Kind das aufrechte Gehen beigebracht, dann kommen auch schon die Pfaffen und bringen ihm wieder das Kriechen bei.

15.08.06 Leben müssen ist keine Gnade
          und Sterben kein Fluch.

28.08.08 GOTTESDIENST (besonders Kathol.): Kasperletheater mit lebensgroßen Puppen.

27. Febr. 09 Der Mensch weiß nicht, wofür und weshalb er lebt. Das Schwein im Stall weiß das auch nicht. Beiden wurde das entspr. Erkenntnisvermögen vorenthalten. Wir Menschen aber, die nächsthöhere "Instanz" über dem Schwein, kennen dessen Lebenszweck genau. können ihm das aber nicht offenbaren, denn die Kommunikationsschranken sind unüberwindlich. So glaubt das Schwein also: Ach, ist der Bauer doch ein lieber, fürsorgender "Vater". Er gibt uns Futter, Streu und ein Dach über dem Kopf. Es frißt sich also dick und rund und ahnt nicht, daß der "liebe" Bauer es demnächst an seinen Mörder (Metzger genannt) verkauft um des schnöden Mammons wegen. Wüßte das Schwein um sein vorbestimmtes Schicksal, so könnte es vor Angst wohl verrückt werden und die Nahrungsaufnahme glatt verweigern. Es ist also gut, daß ihm sein Lebenszweck unbekannt ist. Sind wir Menschen auch nur die Schweine einer höheren "Instanz" ?

- 4 -

Zehn und weitere Lebens-weisheiten

<u>Zehn und weitere Leben.</u> K.M. 1990

Mein Leben Nummero ein(e)s
war der Anfang, vorher gab es ja kein(e)s.

    Das Leben Nummero 2
    verbrachte ich als Frau in Alzey.

Im Leben Nummero 3
ging es immer nur "heißa- juchhei".

    Mein Leben Nummero 4
    verbrachte ich damals mit Dir.

Das Leben Nummero 5
war gesteckt voll mit Schande und Schimpf.

    Mein Leben Nummero 6-e
    endete mit der Verbrennung als Hex-e.

Am Leben Nummero 7
wäre ich gerne noch länger geblieben.

    Dem Leben Nummero 8
    habe ich selber ein Ende gemacht.

Leben Nummero 9, auf italienisch NOVE,
verbrachte ich als Blöde, als Doofe.

    Im Leben Nummero 10
    war's sehr früh um mein Hymen geschehen.

Die Leben Nummero 11 und so weiter
waren abwechselnd traurig und heiter.

Gewidmet meiner lieben Schwägerin, die nach eigenem Bekunden
(~~XXXX~~ (REIKI) schon diverse Male gelebt hat.

Hilfen zur Interpretation

Das sind die Bekenntnisse eines Suchenden, der seinen Trott kaum zu verlassen wagte. Die Behauptung, nicht gläubig zu sein wie eine Rüstung vor sich hertragend.

Mein Vater las die Bibel und Nostradamus, kannte ihre Geschichten und zweifelte auf der Suche nach Trost für sein Leben.

Meine Mutter war früh verstorben, er war in russischer Gefangenschaft gewesen, fühlte sich um die Jugend betrogen.

Die Heimat Ostpreußen fehlte ihm so sehr, daß er Sie nach Öffnung des Eisernen Vorhangs nicht wiedersehen wollte.

Er liebte Wortspiele, Zynismus und die Auseinandersetzung mit sozialer Ungerechtigkeit

Bevor ich Sie mit Ihren Interpretationen alleine lasse werde ich Ihnen, so sie dies möchten, Hilfe leisten zur Interpretation des Gelesenen.

Lassen Sie sich somit auf ein Spiel ein:

A Mein erster Eindruck

B Mein Eindruck nach Erläuterungen

Das Augenmaß Gottes:

Die empfundene Ungerechtigkeit Gottes in Bezug auf Erlebtes

Stiller Abend

Mein Vater liebte Schuberts Musik der Romantik

Teilbiographie

Wortspiel als Sudoku Ersatz

Besseres Los

Glück und Unglück als Vorsehung durch höhere Mächte

Brief an die Kirche

Ironie, die das soziale Engagement der Kirche in Frage stellt

Auf Borkum

Dank für eine Ruhephase der Seele mit netten Menschen.

Himmelfahrt

Kolportierung der kirchlich, naiven Vorstellungswelt

Hallo Brigitte

Suche der Evidenz einer Existenz nach dem Tode.

Zahlenspiel

Gehirnjogging

Die ist das letzte Jahr

Romantische Metapher um den Tod: Felder -.Landschaft Kindheit in Königsberg

Stammelreim

Wortspiel als Zeitvertreib mit Ironie auf leere Kunst Dadaismus

Der Gute Hirte

Psalm 23 Metaphorik im Hinblick auf die Realität dies Bildes

Einen Türken bauen

Kritik von Prediktinhalten zur Manifestierung der als ungerecht empfundenen Sozialverhältnisse mittels Angsterzeugung

Geburtstagswunsch

Text für Geburtstagskind. Nicht von der „Stange"

Wortspiel 2005

Hirnjogging eines 80ig – jährigen

Göttliches Walten

Von griechische Tragödie inspiriert und in Selbstmitleid ob empfundener Ungerechtigkeiten des Lebens

Letzter Trost

Könnte Ursache eines Gesprächs mit der Schwägerin sein.

Karriere á la Schiller

Intro wie bei Schillergedichten: Thema Politkorruption

Die Ironie mein Tagesablauf

Kolportierter Tagesablauf für Reiche. Hohn der gelebten Sparsamkeit.

Mein Vorhaben

Das unerreichbare Leben der Luxuskaste.

Nachdenkliches

Erotische Anspielung auf die Vertreibung aus dem Paradies

Nach Hause

Hoffnung auf ein Jenseits wie verheißen

Retro- und Perspektiven

Gestern und Morgen eines Lebens mit frustrierten Gedanken

Sehnsucht

Romantische Zärtlichkeiten

Was man nicht vergessen sollte

Aphorismen

Zehn und weitere Lebensweisheiten

Ironie statt Kopfschütteln

Ihre Notizen:

Meine Gedankenwelt oder die des Sohnes

Ich schreibe den Text direkt und gebe auch Hinweise **direkt.**

Anmerken möchte ich, daß mein Vater diese kleine Sammlung hinterliieß, als er mit 89 Jahren mit wachem Verstand verschied und sich auch ein Vater Unser darunter befand!

Wir haben uns übrigens nie diese Werke vorgetragen.

Meine Texte stammen aus der Zeit der Achtziger.

Ich war damals Reallehrer mit dem Wunsch Pilot werden zu wollen.

Ich war Mitte 20, viel gereist und fühlte mich gezwungen, etwas auszuüben, was mich wenig zufrieden stellte voller jugendlichem Drang die Welt für mich und andere zu einem besseren Ort werden zu lassen:

1980

* Routine ist das Gefängnis unserer Freiheit *

Routine lullt uns ein, sie macht uns träge und nimmt uns die Option für Veränderungen.

Es gibt Augenblicke, in denen man glaubt, die Natur fühlen zu können. Dies sind Momente unbeschreiblicher Sehnsucht nach der Wahrheit allen Seins. Unser Bewußtsein dringt dann ins Universum vor, ohne jemals ein Ziel zu erreichen, ohne jemals Antworten zu erhalten

Gedanken von Wildnistouren Kanada, Alaska inspiriert

Liegt der Sinn unseres Lebens eben in der Frage nach diesem oder in der Feststellung seiner Sinnlosigkeit

Mich trieb die Frage nach Alternativen zum industriell geprägten Leben um.

Es gibt nur eine absolute Wahrheit - die Zeit

Selbsterklärend: Die Zeit ist unsere Dimension des Lebens

Das Leben ist nicht zu kurz – der Zwänge sind nur zu viele

Verführt und mißbraucht führen wir kein selbst bestimmtes Leben

Wir leben zu viel für Leute, mit denen uns nichts verbindet und zu wenig für Menschen, die uns etwas bedeuten.

Unsere ganze Zivilisation unterliegt dem Prinzip Ausbeutung

Es ist bedauerlich, daß die Straße des Lebens nicht geradliniger verläuft, da wir sonst angesichts unseres Zieles unseren Schritt verlangsamen würden

Wir hetzen blind durchs Leben und verpassen so viel Wertiges

*Arbeit gibt dem Leben einen Sinn. Gibt solches Leben auch der Arbeit einen Sinn?

Arbeit entartet zum sinnentleerten Selbstzweck

Die Geschichte berichtet uns vom „Schaffen" des menschlichen Geistes. Das Leben belehrt uns über dessen Niederlage

Man beeindruckt uns mit vergänglichen Nichtigkeiten

Am Anfang war nichts. Dann kam der Mensch. Deshalb wird alles wieder im Nichts enden

Der Mensch ist selbstüberschätztes Mittelmaß

Lieber eckig mit bedacht als gedankenlos rund

Ja Sager sind mir ein Greuel

Wir sind nicht Mitglieder sondern Insassen unserer Gesellschaft.

Freiheit endet lange bevor wir den anderen auch nur erahnen

Die Gegenwart ist das immer wiederkehrende Erwachen im Gestern mit der Angst vor dem Morgen

Wann lebt man glücklich im Jetzt?

Die Gegenwart ist das immer wiederkehrende Erwachen im Gestern mit der Hoffnung auf ein schöneres Morgen

s.o.

1981

*Intelligenz – Wahrheit – Gewissens

Der Mensch rühmt sich seiner Intelligenz -
Ist er weise?
Der Mensch spricht von Weisheit -
Besitzt er ein Gewissen?

Seine Intelligenz ist
                        Egoismus-
Seine Weisheit
                        Arroganz-
Tod und Vernichtung
                        sein Gewissen*

Die Krone der Schöpfung ist deren Verhöhnung

*Pandora starb an Pocken-

　In ihrer Büchse war

　　　Tucholsky´s Floh

Schnell – laßt sie uns füllen

　　　-pervertierte Menschlichkeit.*

Just in den Achtzigern wurde vermeldet, die Pocken sind besiegt. Nur in den Labors der Miltärs werden die Erreger bevorratet.

Pandora brachte uns alles Siechtum auf Erden und Der Floh bei Tucholsky war eine Charade.

Das Leben ist die unangenehmste Form des Sterbens

Der lange Weg durch viel leidige Zeit

Würden die Mächtigen dieser Erde nicht durch den Wunsch nach Sicherheit, sondern durch die Suche nach individuellen Abenteuern ihrem Leben einen Sinn geben, dann brauchten sie nicht die Triebstimulanz einer Gratwanderung zwischen Frieden und Krieg

Macht ist etwas für unsportliche Paranoiker

***Das letzte große Abenteuer der Evolution:
Die Entmenschlichung des Menschen***

Die Menschheit wird zur Bestie

Der naive Glaube ach so vieler Menschen an die lauteren, friedlichen Absichten der Obrigkeit wird voraussichtlich erst dann erschüttert, wenn die Welt mit einem gewaltigen „Aha-Erlebnis" aufhört zu existieren

Das Spiel der Mächtigen mit dem Atomfeuer hört nur in sich selbst auf.

Man muß nicht gegen die Geißel kämpfen, sondern gegen den, der sie benutzt

Erkennen von Gegebenheiten, kritisch hinterfragt

Der Mensch muß sich die Brille der Geschicht aufsetzen, um all die Lügen der Gegenwart zu erkennen

Die Geschichte kehrt wieder in unserer Gegenwart

Der Mensch ist die Krebszelle der Evolution

selbsterklärend

Unsere Gesellsachaft und unser Leben basieren auf wirtschaftlichem Wachstum. Wachstum bis der Tod eintritt.

Philosophie der „Märkte"

In den großen, modernen, schönen Städten findet man so viele Lebewesen, wo aber sind all die Menschen geblieben

Der „Nächste", die ausgestorbene Spezie

1983

*Ein Leben

Geburt

Liebe, Familie, Freude, Glück, Freiheit
                                                 -Leben

Schule

Liebe, Familie, Freude, Glück
                                                 -Leistung

Studium

Liebe, Familie, Freude
                                               -Leistungsgesellschaft

Beruf

Liebe, Familie
                                               -Leistung der Entmenschlichung

Alltag

Liebe
                                               -Leistung bis der Tod eintritt

Tod

...und das Leben?*

Gott ist nicht fehlerlos! Hätte er sonst den Menschen erschsffen?

Hypothese

Die Menschheit wird niemals überleben können, denn sie ist ihre eigene Katasttrophe

Feststellung

Wir sollten das Leben nicht in Kalenderjahren messen, sondern in Zeiträumen, in denen wir glücklich waren und es genießen, daß wir älter und reicher an glücklichen Erinnerungen werden.

Glückliche Zeiten kommen zu kurz in der Erinnerung

*Ehesyllogismus:

Wenn mich meine Frau liebt -dann haben wir keinen Krach. Wir haben Krach -also liebt mich meine Frau*

Das weibliche Paradoxon

Gedichte 1984

Das Ende der Welt

*Es wird die Welt dereinst enden

In einem Ball (Meer) aus Feuer hell

Wir könnten tausend Hilferufe senden

Kein denkend Sein wird finden ihren Quell

Der kranke Wald wird endlich seinen

Frieden finden

geschändt Natur die gibt es dann

nicht mehr

Elend und Hunger die selbstverschuld´ten

Sünden

Geld, Macht und Feind die werden

inhaltsleer.*

Die Krone der Schöpfung

*Teufel und Gott, die hat es nie gegeben

Des Menschen Feind ist er allein

(Drum) Die eigne Zukunft wird er nicht erleben

Sein kranker Geist seines Endes Grund wird sein.

Haß, Zwietracht, Mord, Krieg, Unterdrückung

Geborn aus Angst; Verachtung eigner Art

Mit Ignoranz voll Fähigkeitsentzückung

Als Haupakteure auch des letzten Parts.

Die Menschheit ist schon längst verloren

Dumm lächelnd, gaffend treibt sie ihrem Ende zu

Letztmals die rett´den Kräfte humanen Geits beschworen

In kurzer Zeit dann menschenlose Ruh

Ein letzter Wunsch hier für die Zeit danach geschrieben

Vergib uns Universum all die Frevel

Die wir, entart`mit Deinem Geschenk trieben .

Ein Leben klug und ohn allen Zweifel

Gib anderen-Saphir-in unendlicher Weite-

Und laß sein Volk sich und Ihre Himmelsinsel lieben*

Der kalte Krieg läßt grüßen.

*Benutze die Menschen

so wirst Du Ansehen erwerben.

Sei hilfsbereit

man wird über Dich lachen.*

Das Prinzip

*Die Kraft von 1000 Worten

ist nichts

gegen das Schweigen

im rechten Augenblick*

Emotion Frau.

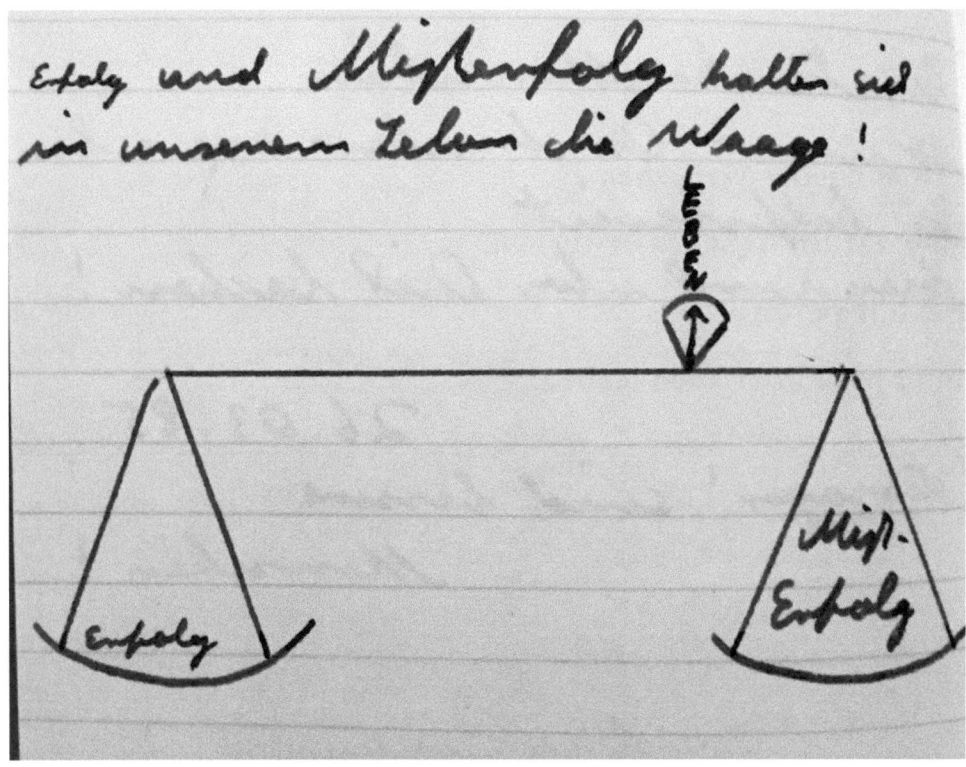

Lieber Leser

Geschafft!

Ich hoffe, diese Lektüre hat Ihnen etwas nachdenkliche Freude geschenkt und wünsche von Herzen ein ausgewogenes Leben voller Glück und Zufriedenheit! Was bleibt ist die Erinnerung. Ob gut oder schlecht? Sie entscheiden!

Aber glauben Sie mir eins: Unser aller Leben ist ein Nullsummenspiel, Nur Gustav Gans hat immer Glück und Donald hat gesunde Neffen!